This is NOT a E
Improve

Improve your bowling skills by converting more spares, striking more and getting more strikes in a row. It's that simple! Do these three simple things and just watch your average improve. Have you been getting more spares and strikes lately? How do you know? You may record all your scores but, your scores don't tell you how many spares you converted, how many strikes you got, and more importantly, how many balls hit that pocket!

You need to be recording the right information to improve.
We have developed a journal to record this key information!

It's a fact that you have a much higher chance of improving at anything in life if you record your results and learn from your mistakes.

There are hundreds of bowling score books available, but thankfully...

'This is NOT a Bowling Score Book'

This is NOT a Bowling Score Book
Improve Your Average

A great deal of love and care goes into creating every single book we make.

We like to make our books personal to you ... so think of your favourite bowler or coach of all time and write their name below...

_____

Every time you go bowling just imagine this person is on the lanes with you... this will help you up your game and reach peak performance!

Copyright © 2019 - Ace of Hearts Publishing.
All Rights Reserved.

Please help us create more inspiring books by leaving a review.

If you have any ideas to help us improve our books or you would like to contact us just send an email to aceofheartspub@gmail.com

Thank you!

This Bowling Journal Belongs To

Your Current Average

Date You Started Keeping These Vital Records

The 'Secrets' to Improving Your Game

There are a few things you need to concentrate on doing in order to improve your bowling average. I have broken these down into different sections based on your current expertise. I would suggest you read through all the sections to obtain the maximum benefit from this journal.

Physical Fitness

Everyone has a different level of fitness and bowling is a sport that can be enjoyed by a wide variety of fitness levels. However, you will find that your bowling game will improve by increasing your level of fitness and stamina. You should work on increasing your fitness at the same time as the other areas discussed below.

Averages of up to 180

If you are a complete beginner or your average is below 180 then the easiest and quickest way to improve your average is to increase the number of spares you get. Each spare you learn to convert consistently will raise your average by 7 to 10 pins. At this level you want to **make sparing your number one priority**... you can work on improving your strike count once you have mastered your spares!

This journal will help you keep track of how many spares you convert. Recording this data is crucial and will help you increase your average. When completing the 'Game Stats' section count the number of spares that you have missed. You want to reduce this number as much as possible with '0' being your ultimate target for each and every game!

Averages between 180 – 200

Once you have fully mastered your spares you will then need to start improving on your strike count. The only way to do this is by hitting more pockets.

Record those pocket hits and misses and you will soon find yourself doing whatever it takes to hit more and more pockets!

Read the lanes quicker, make those target adjustments sooner, change balls depending on what the lane is telling you. There are so many different adjustments you can make to hit the pocket more frequently and more consistently! Ultimate 'Pockets Hit' target is 12/12 for every game!

Averages above 200

Once you can hit strikes consistently it is time to start 'stringing' strikes together to improve your score. This is the only way to improve on averages above 200.

The best way to do this is to increase your focus on each shot, especially if you have just hit a strike in the previous frame. Make each shot count. Hit the pocket consistently. Increase your 'double' and 'turkey' count.

Once you are hitting 2 and 3 strikes in a row consistently it's time to work on your mental focus and toughness when faced with challenging lane conditions or a run of bad luck.

Advice for All

Your scores are irrelevant. If you want to improve focus on getting your spares, hitting the pocket and stringing up those strikes. The high scores and high series will follow.

The next page shows you how to complete this journal to help you improve as much as possible. The following page then provides you with an example of what a completed page would look like... now go get on that lane and make it happen!

There are only 2 rules in bowling...

Rule Number 1 - Hit the Pocket
Rule Number 2 - See Rule Number 1!

How to Complete

Game No	3	Date & Lane Condition	01/09/19 – Christmas tree house pattern

Frame No	4	Legend / Example
Pocket Hit	L S H M	L - Light Pocket Hit S - Solid Pocket Hit H - Heavy Pocket Hit M - Missed Pocket
Spare	Y N X	Y - Yes N - No X - Strike
Concentration	L M H	L - Low M - Medium H - High
Adjustment or Ball Change	Comment on any changes made	Moved target 2 boards left Ball changed to Storm Crux

'Pocket Hit' - circle the relevant letter. For example, if you hit a solid pocket circle 'S'.

'Spare' - circle 'Y' for a spare, 'N' if you missed the spare, 'X' for a strike.

Concentration - circle the relevant letter based on how good your concentration was.

Adjustment or Ball Change - list any amendments or ball changes made.

Game Stats			
Total Pockets Hit	8	Comments	Waited too long to try ball change.
Total Spares Missed	2		

Game No	1	Date & Lane Condition	01/09/19 – Christmas tree house pattern

Frame No	1	2	3	4
Pocket Hit	(L) S H M	(L) S H M	L (S) H M	L S H (M)
Spare	(Y) N X	(Y) N X	Y N (X)	Y (N) X
Concentration	L (M) H	L (M) H	L M (H)	(L) M H
Adjustment or Ball Change	10th board target			

Frame No	5	6	7	8
Pocket Hit	L S H (M)	L S (H) M	L (S) H M	(L) S H M
Spare	(Y) N X	(Y) N X	Y N (X)	Y N (X)
Concentration	L (M) H	L (M) H	L M (H)	L (M) H
Adjustment or Ball Change		8th board target		

Frame No	9	10	10	10
Pocket Hit	L (S) H M	(L) S H M	L S H (M)	L S H M
Spare	Y (N) X	Y N (X)	(Y) N X	Y N X
Concentration	L (M) H	L (M) H	(L) M H	L M H
Adjustment or Ball Change				

Game Stats			
Total Pockets Hit	8 / 11	Comments	happy with pocket hits easy spare missed good target change
Total Spares Missed	2 / 7		

Game No		Date & Lane Condition	

Frame No	1	2	3	4
Pocket Hit	L S H M	L S H M	L S H M	L S H M
Spare	Y N X	Y N X	Y N X	Y N X
Concentration	L M H	L M H	L M H	L M H
Adjustment or Ball Change				

Frame No	5	6	7	8
Pocket Hit	L S H M	L S H M	L S H M	L S H M
Spare	Y N X	Y N X	Y N X	Y N X
Concentration	L M H	L M H	L M H	L M H
Adjustment or Ball Change				

Frame No	9	10	10	10
Pocket Hit	L S H M	L S H M	L S H M	L S H M
Spare	Y N X	Y N X	Y N X	Y N X
Concentration	L M H	L M H	L M H	L M H
Adjustment or Ball Change				

Game Stats			
Total Pockets Hit		Comments	
Total Spares Missed			

Game No		Date & Lane Condition	

Frame No	1	2	3	4
Pocket Hit	L S H M	L S H M	L S H M	L S H M
Spare	Y N X	Y N X	Y N X	Y N X
Concentration	L M H	L M H	L M H	L M H
Adjustment or Ball Change				

Frame No	5	6	7	8
Pocket Hit	L S H M	L S H M	L S H M	L S H M
Spare	Y N X	Y N X	Y N X	Y N X
Concentration	L M H	L M H	L M H	L M H
Adjustment or Ball Change				

Frame No	9	10	10	10
Pocket Hit	L S H M	L S H M	L S H M	L S H M
Spare	Y N X	Y N X	Y N X	Y N X
Concentration	L M H	L M H	L M H	L M H
Adjustment or Ball Change				

Game Stats			
Total Pockets Hit		Comments	
Total Spares Missed			

Game No		Date & Lane Condition	

Frame No	1	2	3	4
Pocket Hit	L S H M	L S H M	L S H M	L S H M
Spare	Y N X	Y N X	Y N X	Y N X
Concentration	L M H	L M H	L M H	L M H
Adjustment or Ball Change				

Frame No	5	6	7	8
Pocket Hit	L S H M	L S H M	L S H M	L S H M
Spare	Y N X	Y N X	Y N X	Y N X
Concentration	L M H	L M H	L M H	L M H
Adjustment or Ball Change				

Frame No	9	10	10	10
Pocket Hit	L S H M	L S H M	L S H M	L S H M
Spare	Y N X	Y N X	Y N X	Y N X
Concentration	L M H	L M H	L M H	L M H
Adjustment or Ball Change				

Game Stats			
Total Pockets Hit		Comments	
Total Spares Missed			

	Series / Event Stats		
Total Pockets Hit		Total Spared Missed	
Previous Best Result		Previous Best Result	

Comments Lessons Learned Concentration Other Notes	

Game No		Date & Lane Condition	

Frame No	1	2	3	4
Pocket Hit	L S H M	L S H M	L S H M	L S H M
Spare	Y N X	Y N X	Y N X	Y N X
Concentration	L M H	L M H	L M H	L M H
Adjustment or Ball Change				

Frame No	5	6	7	8
Pocket Hit	L S H M	L S H M	L S H M	L S H M
Spare	Y N X	Y N X	Y N X	Y N X
Concentration	L M H	L M H	L M H	L M H
Adjustment or Ball Change				

Frame No	9	10	10	10
Pocket Hit	L S H M	L S H M	L S H M	L S H M
Spare	Y N X	Y N X	Y N X	Y N X
Concentration	L M H	L M H	L M H	L M H
Adjustment or Ball Change				

Game Stats			
Total Pockets Hit		Comments	
Total Spares Missed			

Game No		Date & Lane Condition	

Frame No	1	2	3	4
Pocket Hit	L S H M	L S H M	L S H M	L S H M
Spare	Y N X	Y N X	Y N X	Y N X
Concentration	L M H	L M H	L M H	L M H
Adjustment or Ball Change				

Frame No	5	6	7	8
Pocket Hit	L S H M	L S H M	L S H M	L S H M
Spare	Y N X	Y N X	Y N X	Y N X
Concentration	L M H	L M H	L M H	L M H
Adjustment or Ball Change				

Frame No	9	10	10	10
Pocket Hit	L S H M	L S H M	L S H M	L S H M
Spare	Y N X	Y N X	Y N X	Y N X
Concentration	L M H	L M H	L M H	L M H
Adjustment or Ball Change				

Game Stats			
Total Pockets Hit		Comments	
Total Spares Missed			

Game No		Date & Lane Condition	

Frame No	1	2	3	4
Pocket Hit	L S H M	L S H M	L S H M	L S H M
Spare	Y N X	Y N X	Y N X	Y N X
Concentration	L M H	L M H	L M H	L M H
Adjustment or Ball Change				

Frame No	5	6	7	8
Pocket Hit	L S H M	L S H M	L S H M	L S H M
Spare	Y N X	Y N X	Y N X	Y N X
Concentration	L M H	L M H	L M H	L M H
Adjustment or Ball Change				

Frame No	9	10	10	10
Pocket Hit	L S H M	L S H M	L S H M	L S H M
Spare	Y N X	Y N X	Y N X	Y N X
Concentration	L M H	L M H	L M H	L M H
Adjustment or Ball Change				

Game Stats			
Total Pockets Hit		Comments	
Total Spares Missed			

Series / Event Stats			
Total Pockets Hit		Total Spared Missed	
Previous Best Result		Previous Best Result	
Comments Lessons Learned Concentration Other Notes			

Game No		Date & Lane Condition	

Frame No	1	2	3	4
Pocket Hit	L S H M	L S H M	L S H M	L S H M
Spare	Y N X	Y N X	Y N X	Y N X
Concentration	L M H	L M H	L M H	L M H
Adjustment or Ball Change				

Frame No	5	6	7	8
Pocket Hit	L S H M	L S H M	L S H M	L S H M
Spare	Y N X	Y N X	Y N X	Y N X
Concentration	L M H	L M H	L M H	L M H
Adjustment or Ball Change				

Frame No	9	10	10	10
Pocket Hit	L S H M	L S H M	L S H M	L S H M
Spare	Y N X	Y N X	Y N X	Y N X
Concentration	L M H	L M H	L M H	L M H
Adjustment or Ball Change				

Game Stats			
Total Pockets Hit		Comments	
Total Spares Missed			

Game No		Date & Lane Condition	

Frame No	1	2	3	4
Pocket Hit	L S H M	L S H M	L S H M	L S H M
Spare	Y N X	Y N X	Y N X	Y N X
Concentration	L M H	L M H	L M H	L M H
Adjustment or Ball Change				

Frame No	5	6	7	8
Pocket Hit	L S H M	L S H M	L S H M	L S H M
Spare	Y N X	Y N X	Y N X	Y N X
Concentration	L M H	L M H	L M H	L M H
Adjustment or Ball Change				

Frame No	9	10	10	10
Pocket Hit	L S H M	L S H M	L S H M	L S H M
Spare	Y N X	Y N X	Y N X	Y N X
Concentration	L M H	L M H	L M H	L M H
Adjustment or Ball Change				

Game Stats			
Total Pockets Hit		Comments	
Total Spares Missed			

Game No		Date & Lane Condition	

Frame No	1	2	3	4
Pocket Hit	L S H M	L S H M	L S H M	L S H M
Spare	Y N X	Y N X	Y N X	Y N X
Concentration	L M H	L M H	L M H	L M H
Adjustment or Ball Change				

Frame No	5	6	7	8
Pocket Hit	L S H M	L S H M	L S H M	L S H M
Spare	Y N X	Y N X	Y N X	Y N X
Concentration	L M H	L M H	L M H	L M H
Adjustment or Ball Change				

Frame No	9	10	10	10
Pocket Hit	L S H M	L S H M	L S H M	L S H M
Spare	Y N X	Y N X	Y N X	Y N X
Concentration	L M H	L M H	L M H	L M H
Adjustment or Ball Change				

Game Stats			
Total Pockets Hit		Comments	
Total Spares Missed			

Series / Event Stats					
Total Pockets Hit		Total Spared Missed			
Previous Best Result		Previous Best Result			
Comments Lessons Learned Concentration Other Notes					

Game No		Date & Lane Condition	

Frame No	1	2	3	4
Pocket Hit	L S H M	L S H M	L S H M	L S H M
Spare	Y N X	Y N X	Y N X	Y N X
Concentration	L M H	L M H	L M H	L M H
Adjustment or Ball Change				

Frame No	5	6	7	8
Pocket Hit	L S H M	L S H M	L S H M	L S H M
Spare	Y N X	Y N X	Y N X	Y N X
Concentration	L M H	L M H	L M H	L M H
Adjustment or Ball Change				

Frame No	9	10	10	10
Pocket Hit	L S H M	L S H M	L S H M	L S H M
Spare	Y N X	Y N X	Y N X	Y N X
Concentration	L M H	L M H	L M H	L M H
Adjustment or Ball Change				

Game Stats			
Total Pockets Hit		Comments	
Total Spares Missed			

Series / Event Stats				
Total Pockets Hit		Total Spared Missed		
Previous Best Result		Previous Best Result		
Comments Lessons Learned Concentration Other Notes				

Game No		Date & Lane Condition	

Frame No	1	2	3	4
Pocket Hit	L S H M	L S H M	L S H M	L S H M
Spare	Y N X	Y N X	Y N X	Y N X
Concentration	L M H	L M H	L M H	L M H
Adjustment or Ball Change				

Frame No	5	6	7	8
Pocket Hit	L S H M	L S H M	L S H M	L S H M
Spare	Y N X	Y N X	Y N X	Y N X
Concentration	L M H	L M H	L M H	L M H
Adjustment or Ball Change				

Frame No	9	10	10	10
Pocket Hit	L S H M	L S H M	L S H M	L S H M
Spare	Y N X	Y N X	Y N X	Y N X
Concentration	L M H	L M H	L M H	L M H
Adjustment or Ball Change				

Game Stats			
Total Pockets Hit		Comments	
Total Spares Missed			

Game No		Date & Lane Condition	

Frame No	1	2	3	4
Pocket Hit	L S H M	L S H M	L S H M	L S H M
Spare	Y N X	Y N X	Y N X	Y N X
Concentration	L M H	L M H	L M H	L M H
Adjustment or Ball Change				

Frame No	5	6	7	8
Pocket Hit	L S H M	L S H M	L S H M	L S H M
Spare	Y N X	Y N X	Y N X	Y N X
Concentration	L M H	L M H	L M H	L M H
Adjustment or Ball Change				

Frame No	9	10	10	10
Pocket Hit	L S H M	L S H M	L S H M	L S H M
Spare	Y N X	Y N X	Y N X	Y N X
Concentration	L M H	L M H	L M H	L M H
Adjustment or Ball Change				

Game Stats			
Total Pockets Hit		Comments	
Total Spares Missed			

Game No		Date & Lane Condition	

Frame No	1	2	3	4
Pocket Hit	L S H M	L S H M	L S H M	L S H M
Spare	Y N X	Y N X	Y N X	Y N X
Concentration	L M H	L M H	L M H	L M H
Adjustment or Ball Change				

Frame No	5	6	7	8
Pocket Hit	L S H M	L S H M	L S H M	L S H M
Spare	Y N X	Y N X	Y N X	Y N X
Concentration	L M H	L M H	L M H	L M H
Adjustment or Ball Change				

Frame No	9	10	10	10
Pocket Hit	L S H M	L S H M	L S H M	L S H M
Spare	Y N X	Y N X	Y N X	Y N X
Concentration	L M H	L M H	L M H	L M H
Adjustment or Ball Change				

Game Stats			
Total Pockets Hit		Comments	
Total Spares Missed			

	Series / Event Stats				
Total Pockets Hit			**Total Spared Missed**		
Previous Best Result			**Previous Best Result**		

Comments

Lessons

Learned

Concentration

Other Notes

Game No		Date & Lane Condition	

Frame No	1	2	3	4
Pocket Hit	L S H M	L S H M	L S H M	L S H M
Spare	Y N X	Y N X	Y N X	Y N X
Concentration	L M H	L M H	L M H	L M H
Adjustment or Ball Change				

Frame No	5	6	7	8
Pocket Hit	L S H M	L S H M	L S H M	L S H M
Spare	Y N X	Y N X	Y N X	Y N X
Concentration	L M H	L M H	L M H	L M H
Adjustment or Ball Change				

Frame No	9	10	10	10
Pocket Hit	L S H M	L S H M	L S H M	L S H M
Spare	Y N X	Y N X	Y N X	Y N X
Concentration	L M H	L M H	L M H	L M H
Adjustment or Ball Change				

Game Stats			
Total Pockets Hit		Comments	
Total Spares Missed			

Game No		Date & Lane Condition	

Frame No	1	2	3	4
Pocket Hit	L S H M	L S H M	L S H M	L S H M
Spare	Y N X	Y N X	Y N X	Y N X
Concentration	L M H	L M H	L M H	L M H
Adjustment or Ball Change				

Frame No	5	6	7	8
Pocket Hit	L S H M	L S H M	L S H M	L S H M
Spare	Y N X	Y N X	Y N X	Y N X
Concentration	L M H	L M H	L M H	L M H
Adjustment or Ball Change				

Frame No	9	10	10	10
Pocket Hit	L S H M	L S H M	L S H M	L S H M
Spare	Y N X	Y N X	Y N X	Y N X
Concentration	L M H	L M H	L M H	L M H
Adjustment or Ball Change				

Game Stats			
Total Pockets Hit		Comments	
Total Spares Missed			

Game No		Date & Lane Condition	

Frame No	1	2	3	4
Pocket Hit	L S H M	L S H M	L S H M	L S H M
Spare	Y N X	Y N X	Y N X	Y N X
Concentration	L M H	L M H	L M H	L M H
Adjustment or Ball Change				

Frame No	5	6	7	8
Pocket Hit	L S H M	L S H M	L S H M	L S H M
Spare	Y N X	Y N X	Y N X	Y N X
Concentration	L M H	L M H	L M H	L M H
Adjustment or Ball Change				

Frame No	9	10	10	10
Pocket Hit	L S H M	L S H M	L S H M	L S H M
Spare	Y N X	Y N X	Y N X	Y N X
Concentration	L M H	L M H	L M H	L M H
Adjustment or Ball Change				

Game Stats			
Total Pockets Hit		Comments	
Total Spares Missed			

Series / Event Stats		
Total Pockets Hit		**Total Spared Missed**
Previous Best Result		**Previous Best Result**

Comments

Lessons

Learned

Concentration

Other Notes

Game No		Date & Lane Condition	

Frame No	1	2	3	4
Pocket Hit	L S H M	L S H M	L S H M	L S H M
Spare	Y N X	Y N X	Y N X	Y N X
Concentration	L M H	L M H	L M H	L M H
Adjustment or Ball Change				

Frame No	5	6	7	8
Pocket Hit	L S H M	L S H M	L S H M	L S H M
Spare	Y N X	Y N X	Y N X	Y N X
Concentration	L M H	L M H	L M H	L M H
Adjustment or Ball Change				

Frame No	9	10	10	10
Pocket Hit	L S H M	L S H M	L S H M	L S H M
Spare	Y N X	Y N X	Y N X	Y N X
Concentration	L M H	L M H	L M H	L M H
Adjustment or Ball Change				

Game Stats			
Total Pockets Hit		Comments	
Total Spares Missed			

Game No		Date & Lane Condition	

Frame No	1	2	3	4
Pocket Hit	L S H M	L S H M	L S H M	L S H M
Spare	Y N X	Y N X	Y N X	Y N X
Concentration	L M H	L M H	L M H	L M H
Adjustment or Ball Change				

Frame No	5	6	7	8
Pocket Hit	L S H M	L S H M	L S H M	L S H M
Spare	Y N X	Y N X	Y N X	Y N X
Concentration	L M H	L M H	L M H	L M H
Adjustment or Ball Change				

Frame No	9	10	10	10
Pocket Hit	L S H M	L S H M	L S H M	L S H M
Spare	Y N X	Y N X	Y N X	Y N X
Concentration	L M H	L M H	L M H	L M H
Adjustment or Ball Change				

Game Stats			
Total Pockets Hit		Comments	
Total Spares Missed			

Game No		Date & Lane Condition	

Frame No	1	2	3	4
Pocket Hit	L S H M	L S H M	L S H M	L S H M
Spare	Y N X	Y N X	Y N X	Y N X
Concentration	L M H	L M H	L M H	L M H
Adjustment or Ball Change				

Frame No	5	6	7	8
Pocket Hit	L S H M	L S H M	L S H M	L S H M
Spare	Y N X	Y N X	Y N X	Y N X
Concentration	L M H	L M H	L M H	L M H
Adjustment or Ball Change				

Frame No	9	10	10	10
Pocket Hit	L S H M	L S H M	L S H M	L S H M
Spare	Y N X	Y N X	Y N X	Y N X
Concentration	L M H	L M H	L M H	L M H
Adjustment or Ball Change				

Game Stats		
Total Pockets Hit		Comments
Total Spares Missed		

Series / Event Stats			
Total Pockets Hit		Total Spared Missed	
Previous Best Result		Previous Best Result	
Comments Lessons Learned Concentration Other Notes			

Game No		Date & Lane Condition	

Frame No	1	2	3	4
Pocket Hit	L S H M	L S H M	L S H M	L S H M
Spare	Y N X	Y N X	Y N X	Y N X
Concentration	L M H	L M H	L M H	L M H
Adjustment or Ball Change				

Frame No	5	6	7	8
Pocket Hit	L S H M	L S H M	L S H M	L S H M
Spare	Y N X	Y N X	Y N X	Y N X
Concentration	L M H	L M H	L M H	L M H
Adjustment or Ball Change				

Frame No	9	10	10	10
Pocket Hit	L S H M	L S H M	L S H M	L S H M
Spare	Y N X	Y N X	Y N X	Y N X
Concentration	L M H	L M H	L M H	L M H
Adjustment or Ball Change				

Game Stats			
Total Pockets Hit		Comments	
Total Spares Missed			

Game No		Date & Lane Condition	

Frame No	1	2	3	4
Pocket Hit	L S H M	L S H M	L S H M	L S H M
Spare	Y N X	Y N X	Y N X	Y N X
Concentration	L M H	L M H	L M H	L M H
Adjustment or Ball Change				

Frame No	5	6	7	8
Pocket Hit	L S H M	L S H M	L S H M	L S H M
Spare	Y N X	Y N X	Y N X	Y N X
Concentration	L M H	L M H	L M H	L M H
Adjustment or Ball Change				

Frame No	9	10	10	10
Pocket Hit	L S H M	L S H M	L S H M	L S H M
Spare	Y N X	Y N X	Y N X	Y N X
Concentration	L M H	L M H	L M H	L M H
Adjustment or Ball Change				

Game Stats			
Total Pockets Hit		Comments	
Total Spares Missed			

Game No		Date & Lane Condition	

Frame No	1	2	3	4
Pocket Hit	L S H M	L S H M	L S H M	L S H M
Spare	Y N X	Y N X	Y N X	Y N X
Concentration	L M H	L M H	L M H	L M H
Adjustment or Ball Change				

Frame No	5	6	7	8
Pocket Hit	L S H M	L S H M	L S H M	L S H M
Spare	Y N X	Y N X	Y N X	Y N X
Concentration	L M H	L M H	L M H	L M H
Adjustment or Ball Change				

Frame No	9	10	10	10
Pocket Hit	L S H M	L S H M	L S H M	L S H M
Spare	Y N X	Y N X	Y N X	Y N X
Concentration	L M H	L M H	L M H	L M H
Adjustment or Ball Change				

Game Stats			
Total Pockets Hit		Comments	
Total Spares Missed			

Series / Event Stats				
Total Pockets Hit		Total Spared Missed		
Previous Best Result		Previous Best Result		
Comments Lessons Learned Concentration Other Notes				

Game No		Date & Lane Condition	

Frame No	1	2	3	4
Pocket Hit	L S H M	L S H M	L S H M	L S H M
Spare	Y N X	Y N X	Y N X	Y N X
Concentration	L M H	L M H	L M H	L M H
Adjustment or Ball Change				

Frame No	5	6	7	8
Pocket Hit	L S H M	L S H M	L S H M	L S H M
Spare	Y N X	Y N X	Y N X	Y N X
Concentration	L M H	L M H	L M H	L M H
Adjustment or Ball Change				

Frame No	9	10	10	10
Pocket Hit	L S H M	L S H M	L S H M	L S H M
Spare	Y N X	Y N X	Y N X	Y N X
Concentration	L M H	L M H	L M H	L M H
Adjustment or Ball Change				

Game Stats			
Total Pockets Hit		Comments	
Total Spares Missed			

Game No		Date & Lane Condition	

Frame No	1	2	3	4
Pocket Hit	L S H M	L S H M	L S H M	L S H M
Spare	Y N X	Y N X	Y N X	Y N X
Concentration	L M H	L M H	L M H	L M H
Adjustment or Ball Change				

Frame No	5	6	7	8
Pocket Hit	L S H M	L S H M	L S H M	L S H M
Spare	Y N X	Y N X	Y N X	Y N X
Concentration	L M H	L M H	L M H	L M H
Adjustment or Ball Change				

Frame No	9	10	10	10
Pocket Hit	L S H M	L S H M	L S H M	L S H M
Spare	Y N X	Y N X	Y N X	Y N X
Concentration	L M H	L M H	L M H	L M H
Adjustment or Ball Change				

Game Stats			
Total Pockets Hit		Comments	
Total Spares Missed			

Game No		Date & Lane Condition	

Frame No	1	2	3	4
Pocket Hit	L S H M	L S H M	L S H M	L S H M
Spare	Y N X	Y N X	Y N X	Y N X
Concentration	L M H	L M H	L M H	L M H
Adjustment or Ball Change				

Frame No	5	6	7	8
Pocket Hit	L S H M	L S H M	L S H M	L S H M
Spare	Y N X	Y N X	Y N X	Y N X
Concentration	L M H	L M H	L M H	L M H
Adjustment or Ball Change				

Frame No	9	10	10	10
Pocket Hit	L S H M	L S H M	L S H M	L S H M
Spare	Y N X	Y N X	Y N X	Y N X
Concentration	L M H	L M H	L M H	L M H
Adjustment or Ball Change				

Game Stats			
Total Pockets Hit		Comments	
Total Spares Missed			

	Series / Event Stats			
Total Pockets Hit		Total Spared Missed		
Previous Best Result		Previous Best Result		
Comments Lessons Learned Concentration Other Notes				

Game No		Date & Lane Condition	

Frame No	1	2	3	4
Pocket Hit	L S H M	L S H M	L S H M	L S H M
Spare	Y N X	Y N X	Y N X	Y N X
Concentration	L M H	L M H	L M H	L M H
Adjustment or Ball Change				

Frame No	5	6	7	8
Pocket Hit	L S H M	L S H M	L S H M	L S H M
Spare	Y N X	Y N X	Y N X	Y N X
Concentration	L M H	L M H	L M H	L M H
Adjustment or Ball Change				

Frame No	9	10	10	10
Pocket Hit	L S H M	L S H M	L S H M	L S H M
Spare	Y N X	Y N X	Y N X	Y N X
Concentration	L M H	L M H	L M H	L M H
Adjustment or Ball Change				

Game Stats			
Total Pockets Hit		Comments	
Total Spares Missed			

Game No		Date & Lane Condition	

Frame No	1	2	3	4
Pocket Hit	L S H M	L S H M	L S H M	L S H M
Spare	Y N X	Y N X	Y N X	Y N X
Concentration	L M H	L M H	L M H	L M H
Adjustment or Ball Change				

Frame No	5	6	7	8
Pocket Hit	L S H M	L S H M	L S H M	L S H M
Spare	Y N X	Y N X	Y N X	Y N X
Concentration	L M H	L M H	L M H	L M H
Adjustment or Ball Change				

Frame No	9	10	10	10
Pocket Hit	L S H M	L S H M	L S H M	L S H M
Spare	Y N X	Y N X	Y N X	Y N X
Concentration	L M H	L M H	L M H	L M H
Adjustment or Ball Change				

Game Stats			
Total Pockets Hit		Comments	
Total Spares Missed			

Game No		Date & Lane Condition	

Frame No	1	2	3	4
Pocket Hit	L S H M	L S H M	L S H M	L S H M
Spare	Y N X	Y N X	Y N X	Y N X
Concentration	L M H	L M H	L M H	L M H
Adjustment or Ball Change				

Frame No	5	6	7	8
Pocket Hit	L S H M	L S H M	L S H M	L S H M
Spare	Y N X	Y N X	Y N X	Y N X
Concentration	L M H	L M H	L M H	L M H
Adjustment or Ball Change				

Frame No	9	10	10	10
Pocket Hit	L S H M	L S H M	L S H M	L S H M
Spare	Y N X	Y N X	Y N X	Y N X
Concentration	L M H	L M H	L M H	L M H
Adjustment or Ball Change				

Game Stats			
Total Pockets Hit		Comments	
Total Spares Missed			

	Series / Event Stats				
Total Pockets Hit		**Total Spared Missed**			
Previous Best Result		**Previous Best Result**			

Comments

Lessons

Learned

Concentration

Other Notes

Game No		Date & Lane Condition	

Frame No	1	2	3	4
Pocket Hit	L S H M	L S H M	L S H M	L S H M
Spare	Y N X	Y N X	Y N X	Y N X
Concentration	L M H	L M H	L M H	L M H
Adjustment or Ball Change				

Frame No	5	6	7	8
Pocket Hit	L S H M	L S H M	L S H M	L S H M
Spare	Y N X	Y N X	Y N X	Y N X
Concentration	L M H	L M H	L M H	L M H
Adjustment or Ball Change				

Frame No	9	10	10	10
Pocket Hit	L S H M	L S H M	L S H M	L S H M
Spare	Y N X	Y N X	Y N X	Y N X
Concentration	L M H	L M H	L M H	L M H
Adjustment or Ball Change				

Game Stats			
Total Pockets Hit		Comments	
Total Spares Missed			

Game No		Date & Lane Condition	

Frame No	1	2	3	4
Pocket Hit	L S H M	L S H M	L S H M	L S H M
Spare	Y N X	Y N X	Y N X	Y N X
Concentration	L M H	L M H	L M H	L M H
Adjustment or Ball Change				

Frame No	5	6	7	8
Pocket Hit	L S H M	L S H M	L S H M	L S H M
Spare	Y N X	Y N X	Y N X	Y N X
Concentration	L M H	L M H	L M H	L M H
Adjustment or Ball Change				

Frame No	9	10	10	10
Pocket Hit	L S H M	L S H M	L S H M	L S H M
Spare	Y N X	Y N X	Y N X	Y N X
Concentration	L M H	L M H	L M H	L M H
Adjustment or Ball Change				

Game Stats		
Total Pockets Hit		Comments
Total Spares Missed		

Game No		Date & Lane Condition	

Frame No	1	2	3	4
Pocket Hit	L S H M	L S H M	L S H M	L S H M
Spare	Y N X	Y N X	Y N X	Y N X
Concentration	L M H	L M H	L M H	L M H
Adjustment or Ball Change				

Frame No	5	6	7	8
Pocket Hit	L S H M	L S H M	L S H M	L S H M
Spare	Y N X	Y N X	Y N X	Y N X
Concentration	L M H	L M H	L M H	L M H
Adjustment or Ball Change				

Frame No	9	10	10	10
Pocket Hit	L S H M	L S H M	L S H M	L S H M
Spare	Y N X	Y N X	Y N X	Y N X
Concentration	L M H	L M H	L M H	L M H
Adjustment or Ball Change				

Game Stats			
Total Pockets Hit		Comments	
Total Spares Missed			

Series / Event Stats			
Total Pockets Hit		Total Spared Missed	
Previous Best Result		Previous Best Result	
Comments Lessons Learned Concentration Other Notes			

Game No		Date & Lane Condition	

Frame No	1	2	3	4
Pocket Hit	L S H M	L S H M	L S H M	L S H M
Spare	Y N X	Y N X	Y N X	Y N X
Concentration	L M H	L M H	L M H	L M H
Adjustment or Ball Change				

Frame No	5	6	7	8
Pocket Hit	L S H M	L S H M	L S H M	L S H M
Spare	Y N X	Y N X	Y N X	Y N X
Concentration	L M H	L M H	L M H	L M H
Adjustment or Ball Change				

Frame No	9	10	10	10
Pocket Hit	L S H M	L S H M	L S H M	L S H M
Spare	Y N X	Y N X	Y N X	Y N X
Concentration	L M H	L M H	L M H	L M H
Adjustment or Ball Change				

Game Stats			
Total Pockets Hit		Comments	
Total Spares Missed			

Game No		Date & Lane Condition	

Frame No	1	2	3	4
Pocket Hit	L S H M	L S H M	L S H M	L S H M
Spare	Y N X	Y N X	Y N X	Y N X
Concentration	L M H	L M H	L M H	L M H
Adjustment or Ball Change				

Frame No	5	6	7	8
Pocket Hit	L S H M	L S H M	L S H M	L S H M
Spare	Y N X	Y N X	Y N X	Y N X
Concentration	L M H	L M H	L M H	L M H
Adjustment or Ball Change				

Frame No	9	10	10	10
Pocket Hit	L S H M	L S H M	L S H M	L S H M
Spare	Y N X	Y N X	Y N X	Y N X
Concentration	L M H	L M H	L M H	L M H
Adjustment or Ball Change				

Game Stats			
Total Pockets Hit		Comments	
Total Spares Missed			

Game No		Date & Lane Condition	

Frame No	1	2	3	4
Pocket Hit	L S H M	L S H M	L S H M	L S H M
Spare	Y N X	Y N X	Y N X	Y N X
Concentration	L M H	L M H	L M H	L M H
Adjustment or Ball Change				

Frame No	5	6	7	8
Pocket Hit	L S H M	L S H M	L S H M	L S H M
Spare	Y N X	Y N X	Y N X	Y N X
Concentration	L M H	L M H	L M H	L M H
Adjustment or Ball Change				

Frame No	9	10	10	10
Pocket Hit	L S H M	L S H M	L S H M	L S H M
Spare	Y N X	Y N X	Y N X	Y N X
Concentration	L M H	L M H	L M H	L M H
Adjustment or Ball Change				

Game Stats			
Total Pockets Hit		Comments	
Total Spares Missed			

	Series / Event Stats			
Total Pockets Hit		Total Spared Missed		
Previous Best Result		Previous Best Result		

Comments

Lessons Learned

Concentration

Other Notes

Game No		Date & Lane Condition	

Frame No	1	2	3	4
Pocket Hit	L S H M	L S H M	L S H M	L S H M
Spare	Y N X	Y N X	Y N X	Y N X
Concentration	L M H	L M H	L M H	L M H
Adjustment or Ball Change				

Frame No	5	6	7	8
Pocket Hit	L S H M	L S H M	L S H M	L S H M
Spare	Y N X	Y N X	Y N X	Y N X
Concentration	L M H	L M H	L M H	L M H
Adjustment or Ball Change				

Frame No	9	10	10	10
Pocket Hit	L S H M	L S H M	L S H M	L S H M
Spare	Y N X	Y N X	Y N X	Y N X
Concentration	L M H	L M H	L M H	L M H
Adjustment or Ball Change				

Game Stats			
Total Pockets Hit		Comments	
Total Spares Missed			

Game No		Date & Lane Condition	

Frame No	1	2	3	4
Pocket Hit	L S H M	L S H M	L S H M	L S H M
Spare	Y N X	Y N X	Y N X	Y N X
Concentration	L M H	L M H	L M H	L M H
Adjustment or Ball Change				

Frame No	5	6	7	8
Pocket Hit	L S H M	L S H M	L S H M	L S H M
Spare	Y N X	Y N X	Y N X	Y N X
Concentration	L M H	L M H	L M H	L M H
Adjustment or Ball Change				

Frame No	9	10	10	10
Pocket Hit	L S H M	L S H M	L S H M	L S H M
Spare	Y N X	Y N X	Y N X	Y N X
Concentration	L M H	L M H	L M H	L M H
Adjustment or Ball Change				

Game Stats			
Total Pockets Hit		Comments	
Total Spares Missed			

Game No		Date & Lane Condition	

Frame No	1	2	3	4
Pocket Hit	L S H M	L S H M	L S H M	L S H M
Spare	Y N X	Y N X	Y N X	Y N X
Concentration	L M H	L M H	L M H	L M H
Adjustment or Ball Change				

Frame No	5	6	7	8
Pocket Hit	L S H M	L S H M	L S H M	L S H M
Spare	Y N X	Y N X	Y N X	Y N X
Concentration	L M H	L M H	L M H	L M H
Adjustment or Ball Change				

Frame No	9	10	10	10
Pocket Hit	L S H M	L S H M	L S H M	L S H M
Spare	Y N X	Y N X	Y N X	Y N X
Concentration	L M H	L M H	L M H	L M H
Adjustment or Ball Change				

Game Stats			
Total Pockets Hit		Comments	
Total Spares Missed			

Series / Event Stats				
Total Pockets Hit		Total Spared Missed		
Previous Best Result		Previous Best Result		
Comments Lessons Learned Concentration Other Notes				

Game No		Date & Lane Condition	

Frame No	1	2	3	4
Pocket Hit	L S H M	L S H M	L S H M	L S H M
Spare	Y N X	Y N X	Y N X	Y N X
Concentration	L M H	L M H	L M H	L M H
Adjustment or Ball Change				

Frame No	5	6	7	8
Pocket Hit	L S H M	L S H M	L S H M	L S H M
Spare	Y N X	Y N X	Y N X	Y N X
Concentration	L M H	L M H	L M H	L M H
Adjustment or Ball Change				

Frame No	9	10	10	10
Pocket Hit	L S H M	L S H M	L S H M	L S H M
Spare	Y N X	Y N X	Y N X	Y N X
Concentration	L M H	L M H	L M H	L M H
Adjustment or Ball Change				

Game Stats			
Total Pockets Hit		Comments	
Total Spares Missed			

Game No		Date & Lane Condition	

Frame No	1	2	3	4
Pocket Hit	L S H M	L S H M	L S H M	L S H M
Spare	Y N X	Y N X	Y N X	Y N X
Concentration	L M H	L M H	L M H	L M H
Adjustment or Ball Change				

Frame No	5	6	7	8
Pocket Hit	L S H M	L S H M	L S H M	L S H M
Spare	Y N X	Y N X	Y N X	Y N X
Concentration	L M H	L M H	L M H	L M H
Adjustment or Ball Change				

Frame No	9	10	10	10
Pocket Hit	L S H M	L S H M	L S H M	L S H M
Spare	Y N X	Y N X	Y N X	Y N X
Concentration	L M H	L M H	L M H	L M H
Adjustment or Ball Change				

Game Stats			
Total Pockets Hit		Comments	
Total Spares Missed			

Game No		Date & Lane Condition	

Frame No	1	2	3	4
Pocket Hit	L S H M	L S H M	L S H M	L S H M
Spare	Y N X	Y N X	Y N X	Y N X
Concentration	L M H	L M H	L M H	L M H
Adjustment or Ball Change				

Frame No	5	6	7	8
Pocket Hit	L S H M	L S H M	L S H M	L S H M
Spare	Y N X	Y N X	Y N X	Y N X
Concentration	L M H	L M H	L M H	L M H
Adjustment or Ball Change				

Frame No	9	10	10	10
Pocket Hit	L S H M	L S H M	L S H M	L S H M
Spare	Y N X	Y N X	Y N X	Y N X
Concentration	L M H	L M H	L M H	L M H
Adjustment or Ball Change				

Game Stats			
Total Pockets Hit		Comments	
Total Spares Missed			

Series / Event Stats				
Total Pockets Hit		Total Spared Missed		
Previous Best Result		Previous Best Result		
Comments Lessons Learned Concentration Other Notes				

Game No		Date & Lane Condition	

Frame No	1	2	3	4
Pocket Hit	L S H M	L S H M	L S H M	L S H M
Spare	Y N X	Y N X	Y N X	Y N X
Concentration	L M H	L M H	L M H	L M H
Adjustment or Ball Change				

Frame No	5	6	7	8
Pocket Hit	L S H M	L S H M	L S H M	L S H M
Spare	Y N X	Y N X	Y N X	Y N X
Concentration	L M H	L M H	L M H	L M H
Adjustment or Ball Change				

Frame No	9	10	10	10
Pocket Hit	L S H M	L S H M	L S H M	L S H M
Spare	Y N X	Y N X	Y N X	Y N X
Concentration	L M H	L M H	L M H	L M H
Adjustment or Ball Change				

Game Stats			
Total Pockets Hit		Comments	
Total Spares Missed			

Series / Event Stats				
Total Pockets Hit		Total Spared Missed		
Previous Best Result		Previous Best Result		
Comments Lessons Learned Concentration Other Notes				

Game No		Date & Lane Condition	

Frame No	1	2	3	4
Pocket Hit	L S H M	L S H M	L S H M	L S H M
Spare	Y N X	Y N X	Y N X	Y N X
Concentration	L M H	L M H	L M H	L M H
Adjustment or Ball Change				

Frame No	5	6	7	8
Pocket Hit	L S H M	L S H M	L S H M	L S H M
Spare	Y N X	Y N X	Y N X	Y N X
Concentration	L M H	L M H	L M H	L M H
Adjustment or Ball Change				

Frame No	9	10	10	10
Pocket Hit	L S H M	L S H M	L S H M	L S H M
Spare	Y N X	Y N X	Y N X	Y N X
Concentration	L M H	L M H	L M H	L M H
Adjustment or Ball Change				

Game Stats			
Total Pockets Hit		Comments	
Total Spares Missed			

Game No		Date & Lane Condition	

Frame No	1	2	3	4
Pocket Hit	L S H M	L S H M	L S H M	L S H M
Spare	Y N X	Y N X	Y N X	Y N X
Concentration	L M H	L M H	L M H	L M H
Adjustment or Ball Change				

Frame No	5	6	7	8
Pocket Hit	L S H M	L S H M	L S H M	L S H M
Spare	Y N X	Y N X	Y N X	Y N X
Concentration	L M H	L M H	L M H	L M H
Adjustment or Ball Change				

Frame No	9	10	10	10
Pocket Hit	L S H M	L S H M	L S H M	L S H M
Spare	Y N X	Y N X	Y N X	Y N X
Concentration	L M H	L M H	L M H	L M H
Adjustment or Ball Change				

Game Stats			
Total Pockets Hit		Comments	
Total Spares Missed			

Game No		Date & Lane Condition	

Frame No	1	2	3	4
Pocket Hit	L S H M	L S H M	L S H M	L S H M
Spare	Y N X	Y N X	Y N X	Y N X
Concentration	L M H	L M H	L M H	L M H
Adjustment or Ball Change				

Frame No	5	6	7	8
Pocket Hit	L S H M	L S H M	L S H M	L S H M
Spare	Y N X	Y N X	Y N X	Y N X
Concentration	L M H	L M H	L M H	L M H
Adjustment or Ball Change				

Frame No	9	10	10	10
Pocket Hit	L S H M	L S H M	L S H M	L S H M
Spare	Y N X	Y N X	Y N X	Y N X
Concentration	L M H	L M H	L M H	L M H
Adjustment or Ball Change				

Game Stats			
Total Pockets Hit		Comments	
Total Spares Missed			

	Series / Event Stats			
Total Pockets Hit		**Total Spared Missed**		
Previous Best Result		**Previous Best Result**		
Comments **Lessons** **Learned** **Concentration** **Other Notes**				

Game No		Date & Lane Condition	

Frame No	1	2	3	4
Pocket Hit	L S H M	L S H M	L S H M	L S H M
Spare	Y N X	Y N X	Y N X	Y N X
Concentration	L M H	L M H	L M H	L M H
Adjustment or Ball Change				

Frame No	5	6	7	8
Pocket Hit	L S H M	L S H M	L S H M	L S H M
Spare	Y N X	Y N X	Y N X	Y N X
Concentration	L M H	L M H	L M H	L M H
Adjustment or Ball Change				

Frame No	9	10	10	10
Pocket Hit	L S H M	L S H M	L S H M	L S H M
Spare	Y N X	Y N X	Y N X	Y N X
Concentration	L M H	L M H	L M H	L M H
Adjustment or Ball Change				

Game Stats			
Total Pockets Hit		Comments	
Total Spares Missed			

Game No		Date & Lane Condition	

Frame No	1	2	3	4
Pocket Hit	L S H M	L S H M	L S H M	L S H M
Spare	Y N X	Y N X	Y N X	Y N X
Concentration	L M H	L M H	L M H	L M H
Adjustment or Ball Change				

Frame No	5	6	7	8
Pocket Hit	L S H M	L S H M	L S H M	L S H M
Spare	Y N X	Y N X	Y N X	Y N X
Concentration	L M H	L M H	L M H	L M H
Adjustment or Ball Change				

Frame No	9	10	10	10
Pocket Hit	L S H M	L S H M	L S H M	L S H M
Spare	Y N X	Y N X	Y N X	Y N X
Concentration	L M H	L M H	L M H	L M H
Adjustment or Ball Change				

Game Stats			
Total Pockets Hit		Comments	
Total Spares Missed			

Game No		Date & Lane Condition	

Frame No	1	2	3	4
Pocket Hit	L S H M	L S H M	L S H M	L S H M
Spare	Y N X	Y N X	Y N X	Y N X
Concentration	L M H	L M H	L M H	L M H
Adjustment or Ball Change				

Frame No	5	6	7	8
Pocket Hit	L S H M	L S H M	L S H M	L S H M
Spare	Y N X	Y N X	Y N X	Y N X
Concentration	L M H	L M H	L M H	L M H
Adjustment or Ball Change				

Frame No	9	10	10	10
Pocket Hit	L S H M	L S H M	L S H M	L S H M
Spare	Y N X	Y N X	Y N X	Y N X
Concentration	L M H	L M H	L M H	L M H
Adjustment or Ball Change				

Game Stats			
Total Pockets Hit		Comments	
Total Spares Missed			

Series / Event Stats				
Total Pockets Hit		Total Spared Missed		
Previous Best Result		Previous Best Result		

Comments

Lessons Learned

Concentration

Other Notes

Game No		Date & Lane Condition	

Frame No	1	2	3	4
Pocket Hit	L S H M	L S H M	L S H M	L S H M
Spare	Y N X	Y N X	Y N X	Y N X
Concentration	L M H	L M H	L M H	L M H
Adjustment or Ball Change				

Frame No	5	6	7	8
Pocket Hit	L S H M	L S H M	L S H M	L S H M
Spare	Y N X	Y N X	Y N X	Y N X
Concentration	L M H	L M H	L M H	L M H
Adjustment or Ball Change				

Frame No	9	10	10	10
Pocket Hit	L S H M	L S H M	L S H M	L S H M
Spare	Y N X	Y N X	Y N X	Y N X
Concentration	L M H	L M H	L M H	L M H
Adjustment or Ball Change				

Game Stats			
Total Pockets Hit		Comments	
Total Spares Missed			

Game No		Date & Lane Condition	

Frame No	1	2	3	4
Pocket Hit	L S H M	L S H M	L S H M	L S H M
Spare	Y N X	Y N X	Y N X	Y N X
Concentration	L M H	L M H	L M H	L M H
Adjustment or Ball Change				

Frame No	5	6	7	8
Pocket Hit	L S H M	L S H M	L S H M	L S H M
Spare	Y N X	Y N X	Y N X	Y N X
Concentration	L M H	L M H	L M H	L M H
Adjustment or Ball Change				

Frame No	9	10	10	10
Pocket Hit	L S H M	L S H M	L S H M	L S H M
Spare	Y N X	Y N X	Y N X	Y N X
Concentration	L M H	L M H	L M H	L M H
Adjustment or Ball Change				

Game Stats			
Total Pockets Hit		Comments	
Total Spares Missed			

Game No		Date & Lane Condition	

Frame No	1	2	3	4
Pocket Hit	L S H M	L S H M	L S H M	L S H M
Spare	Y N X	Y N X	Y N X	Y N X
Concentration	L M H	L M H	L M H	L M H
Adjustment or Ball Change				

Frame No	5	6	7	8
Pocket Hit	L S H M	L S H M	L S H M	L S H M
Spare	Y N X	Y N X	Y N X	Y N X
Concentration	L M H	L M H	L M H	L M H
Adjustment or Ball Change				

Frame No	9	10	10	10
Pocket Hit	L S H M	L S H M	L S H M	L S H M
Spare	Y N X	Y N X	Y N X	Y N X
Concentration	L M H	L M H	L M H	L M H
Adjustment or Ball Change				

Game Stats			
Total Pockets Hit		Comments	
Total Spares Missed			

Series / Event Stats				
Total Pockets Hit		Total Spared Missed		
Previous Best Result		Previous Best Result		
Comments Lessons Learned Concentration Other Notes				

Game No		Date & Lane Condition	

Frame No	1	2	3	4
Pocket Hit	L S H M	L S H M	L S H M	L S H M
Spare	Y N X	Y N X	Y N X	Y N X
Concentration	L M H	L M H	L M H	L M H
Adjustment or Ball Change				

Frame No	5	6	7	8
Pocket Hit	L S H M	L S H M	L S H M	L S H M
Spare	Y N X	Y N X	Y N X	Y N X
Concentration	L M H	L M H	L M H	L M H
Adjustment or Ball Change				

Frame No	9	10	10	10
Pocket Hit	L S H M	L S H M	L S H M	L S H M
Spare	Y N X	Y N X	Y N X	Y N X
Concentration	L M H	L M H	L M H	L M H
Adjustment or Ball Change				

Game Stats			
Total Pockets Hit		Comments	
Total Spares Missed			

Game No		Date & Lane Condition	

Frame No	1	2	3	4
Pocket Hit	L S H M	L S H M	L S H M	L S H M
Spare	Y N X	Y N X	Y N X	Y N X
Concentration	L M H	L M H	L M H	L M H
Adjustment or Ball Change				

Frame No	5	6	7	8
Pocket Hit	L S H M	L S H M	L S H M	L S H M
Spare	Y N X	Y N X	Y N X	Y N X
Concentration	L M H	L M H	L M H	L M H
Adjustment or Ball Change				

Frame No	9	10	10	10
Pocket Hit	L S H M	L S H M	L S H M	L S H M
Spare	Y N X	Y N X	Y N X	Y N X
Concentration	L M H	L M H	L M H	L M H
Adjustment or Ball Change				

Game Stats			
Total Pockets Hit		Comments	
Total Spares Missed			

Game No		Date & Lane Condition	

Frame No	1	2	3	4
Pocket Hit	L S H M	L S H M	L S H M	L S H M
Spare	Y N X	Y N X	Y N X	Y N X
Concentration	L M H	L M H	L M H	L M H
Adjustment or Ball Change				

Frame No	5	6	7	8
Pocket Hit	L S H M	L S H M	L S H M	L S H M
Spare	Y N X	Y N X	Y N X	Y N X
Concentration	L M H	L M H	L M H	L M H
Adjustment or Ball Change				

Frame No	9	10	10	10
Pocket Hit	L S H M	L S H M	L S H M	L S H M
Spare	Y N X	Y N X	Y N X	Y N X
Concentration	L M H	L M H	L M H	L M H
Adjustment or Ball Change				

Game Stats			
Total Pockets Hit		Comments	
Total Spares Missed			

Series / Event Stats				
Total Pockets Hit		Total Spared Missed		
Previous Best Result		Previous Best Result		

Comments

Lessons Learned

Concentration

Other Notes

Game No		Date & Lane Condition	

Frame No	1	2	3	4
Pocket Hit	L S H M	L S H M	L S H M	L S H M
Spare	Y N X	Y N X	Y N X	Y N X
Concentration	L M H	L M H	L M H	L M H
Adjustment or Ball Change				

Frame No	5	6	7	8
Pocket Hit	L S H M	L S H M	L S H M	L S H M
Spare	Y N X	Y N X	Y N X	Y N X
Concentration	L M H	L M H	L M H	L M H
Adjustment or Ball Change				

Frame No	9	10	10	10
Pocket Hit	L S H M	L S H M	L S H M	L S H M
Spare	Y N X	Y N X	Y N X	Y N X
Concentration	L M H	L M H	L M H	L M H
Adjustment or Ball Change				

Game Stats			
Total Pockets Hit		Comments	
Total Spares Missed			

Game No		Date & Lane Condition	

Frame No	1	2	3	4
Pocket Hit	L S H M	L S H M	L S H M	L S H M
Spare	Y N X	Y N X	Y N X	Y N X
Concentration	L M H	L M H	L M H	L M H
Adjustment or Ball Change				

Frame No	5	6	7	8
Pocket Hit	L S H M	L S H M	L S H M	L S H M
Spare	Y N X	Y N X	Y N X	Y N X
Concentration	L M H	L M H	L M H	L M H
Adjustment or Ball Change				

Frame No	9	10	10	10
Pocket Hit	L S H M	L S H M	L S H M	L S H M
Spare	Y N X	Y N X	Y N X	Y N X
Concentration	L M H	L M H	L M H	L M H
Adjustment or Ball Change				

Game Stats		
Total Pockets Hit		Comments
Total Spares Missed		

Game No		Date & Lane Condition	

Frame No	1	2	3	4
Pocket Hit	L S H M	L S H M	L S H M	L S H M
Spare	Y N X	Y N X	Y N X	Y N X
Concentration	L M H	L M H	L M H	L M H
Adjustment or Ball Change				

Frame No	5	6	7	8
Pocket Hit	L S H M	L S H M	L S H M	L S H M
Spare	Y N X	Y N X	Y N X	Y N X
Concentration	L M H	L M H	L M H	L M H
Adjustment or Ball Change				

Frame No	9	10	10	10
Pocket Hit	L S H M	L S H M	L S H M	L S H M
Spare	Y N X	Y N X	Y N X	Y N X
Concentration	L M H	L M H	L M H	L M H
Adjustment or Ball Change				

Game Stats			
Total Pockets Hit		Comments	
Total Spares Missed			

Series / Event Stats				
Total Pockets Hit		Total Spared Missed		
Previous Best Result		Previous Best Result		

Comments Lessons Learned Concentration Other Notes	

Game No		Date & Lane Condition	

Frame No	1	2	3	4
Pocket Hit	L S H M	L S H M	L S H M	L S H M
Spare	Y N X	Y N X	Y N X	Y N X
Concentration	L M H	L M H	L M H	L M H
Adjustment or Ball Change				

Frame No	5	6	7	8
Pocket Hit	L S H M	L S H M	L S H M	L S H M
Spare	Y N X	Y N X	Y N X	Y N X
Concentration	L M H	L M H	L M H	L M H
Adjustment or Ball Change				

Frame No	9	10	10	10
Pocket Hit	L S H M	L S H M	L S H M	L S H M
Spare	Y N X	Y N X	Y N X	Y N X
Concentration	L M H	L M H	L M H	L M H
Adjustment or Ball Change				

Game Stats			
Total Pockets Hit		Comments	
Total Spares Missed			

Game No		Date & Lane Condition	

Frame No	1	2	3	4
Pocket Hit	L S H M	L S H M	L S H M	L S H M
Spare	Y N X	Y N X	Y N X	Y N X
Concentration	L M H	L M H	L M H	L M H
Adjustment or Ball Change				

Frame No	5	6	7	8
Pocket Hit	L S H M	L S H M	L S H M	L S H M
Spare	Y N X	Y N X	Y N X	Y N X
Concentration	L M H	L M H	L M H	L M H
Adjustment or Ball Change				

Frame No	9	10	10	10
Pocket Hit	L S H M	L S H M	L S H M	L S H M
Spare	Y N X	Y N X	Y N X	Y N X
Concentration	L M H	L M H	L M H	L M H
Adjustment or Ball Change				

Game Stats			
Total Pockets Hit		Comments	
Total Spares Missed			

Game No		Date & Lane Condition	

Frame No	1	2	3	4
Pocket Hit	L S H M	L S H M	L S H M	L S H M
Spare	Y N X	Y N X	Y N X	Y N X
Concentration	L M H	L M H	L M H	L M H
Adjustment or Ball Change				

Frame No	5	6	7	8
Pocket Hit	L S H M	L S H M	L S H M	L S H M
Spare	Y N X	Y N X	Y N X	Y N X
Concentration	L M H	L M H	L M H	L M H
Adjustment or Ball Change				

Frame No	9	10	10	10
Pocket Hit	L S H M	L S H M	L S H M	L S H M
Spare	Y N X	Y N X	Y N X	Y N X
Concentration	L M H	L M H	L M H	L M H
Adjustment or Ball Change				

Game Stats			
Total Pockets Hit		Comments	
Total Spares Missed			

Series / Event Stats					
Total Pockets Hit			Total Spared Missed		
Previous Best Result			Previous Best Result		
Comments Lessons Learned Concentration Other Notes					

Game No		Date & Lane Condition	

Frame No	1	2	3	4
Pocket Hit	L S H M	L S H M	L S H M	L S H M
Spare	Y N X	Y N X	Y N X	Y N X
Concentration	L M H	L M H	L M H	L M H
Adjustment or Ball Change				

Frame No	5	6	7	8
Pocket Hit	L S H M	L S H M	L S H M	L S H M
Spare	Y N X	Y N X	Y N X	Y N X
Concentration	L M H	L M H	L M H	L M H
Adjustment or Ball Change				

Frame No	9	10	10	10
Pocket Hit	L S H M	L S H M	L S H M	L S H M
Spare	Y N X	Y N X	Y N X	Y N X
Concentration	L M H	L M H	L M H	L M H
Adjustment or Ball Change				

Game Stats			
Total Pockets Hit		Comments	
Total Spares Missed			

Game No		Date & Lane Condition	

Frame No	1	2	3	4
Pocket Hit	L S H M	L S H M	L S H M	L S H M
Spare	Y N X	Y N X	Y N X	Y N X
Concentration	L M H	L M H	L M H	L M H
Adjustment or Ball Change				

Frame No	5	6	7	8
Pocket Hit	L S H M	L S H M	L S H M	L S H M
Spare	Y N X	Y N X	Y N X	Y N X
Concentration	L M H	L M H	L M H	L M H
Adjustment or Ball Change				

Frame No	9	10	10	10
Pocket Hit	L S H M	L S H M	L S H M	L S H M
Spare	Y N X	Y N X	Y N X	Y N X
Concentration	L M H	L M H	L M H	L M H
Adjustment or Ball Change				

Game Stats			
Total Pockets Hit		Comments	
Total Spares Missed			

Game No		Date & Lane Condition	

Frame No	1	2	3	4
Pocket Hit	L S H M	L S H M	L S H M	L S H M
Spare	Y N X	Y N X	Y N X	Y N X
Concentration	L M H	L M H	L M H	L M H
Adjustment or Ball Change				

Frame No	5	6	7	8
Pocket Hit	L S H M	L S H M	L S H M	L S H M
Spare	Y N X	Y N X	Y N X	Y N X
Concentration	L M H	L M H	L M H	L M H
Adjustment or Ball Change				

Frame No	9	10	10	10
Pocket Hit	L S H M	L S H M	L S H M	L S H M
Spare	Y N X	Y N X	Y N X	Y N X
Concentration	L M H	L M H	L M H	L M H
Adjustment or Ball Change				

Game Stats			
Total Pockets Hit		Comments	
Total Spares Missed			

	Series / Event Stats			
Total Pockets Hit		Total Spared Missed		
Previous Best Result		Previous Best Result		
Comments Lessons Learned Concentration Other Notes				

Game No		Date & Lane Condition	

Frame No	1	2	3	4
Pocket Hit	L S H M	L S H M	L S H M	L S H M
Spare	Y N X	Y N X	Y N X	Y N X
Concentration	L M H	L M H	L M H	L M H
Adjustment or Ball Change				

Frame No	5	6	7	8
Pocket Hit	L S H M	L S H M	L S H M	L S H M
Spare	Y N X	Y N X	Y N X	Y N X
Concentration	L M H	L M H	L M H	L M H
Adjustment or Ball Change				

Frame No	9	10	10	10
Pocket Hit	L S H M	L S H M	L S H M	L S H M
Spare	Y N X	Y N X	Y N X	Y N X
Concentration	L M H	L M H	L M H	L M H
Adjustment or Ball Change				

Game Stats			
Total Pockets Hit		Comments	
Total Spares Missed			

Game No		Date & Lane Condition	

Frame No	1	2	3	4
Pocket Hit	L S H M	L S H M	L S H M	L S H M
Spare	Y N X	Y N X	Y N X	Y N X
Concentration	L M H	L M H	L M H	L M H
Adjustment or Ball Change				

Frame No	5	6	7	8
Pocket Hit	L S H M	L S H M	L S H M	L S H M
Spare	Y N X	Y N X	Y N X	Y N X
Concentration	L M H	L M H	L M H	L M H
Adjustment or Ball Change				

Frame No	9	10	10	10
Pocket Hit	L S H M	L S H M	L S H M	L S H M
Spare	Y N X	Y N X	Y N X	Y N X
Concentration	L M H	L M H	L M H	L M H
Adjustment or Ball Change				

Game Stats			
Total Pockets Hit		Comments	
Total Spares Missed			

Game No		Date & Lane Condition	

Frame No	1	2	3	4
Pocket Hit	L S H M	L S H M	L S H M	L S H M
Spare	Y N X	Y N X	Y N X	Y N X
Concentration	L M H	L M H	L M H	L M H
Adjustment or Ball Change				

Frame No	5	6	7	8
Pocket Hit	L S H M	L S H M	L S H M	L S H M
Spare	Y N X	Y N X	Y N X	Y N X
Concentration	L M H	L M H	L M H	L M H
Adjustment or Ball Change				

Frame No	9	10	10	10
Pocket Hit	L S H M	L S H M	L S H M	L S H M
Spare	Y N X	Y N X	Y N X	Y N X
Concentration	L M H	L M H	L M H	L M H
Adjustment or Ball Change				

Game Stats			
Total Pockets Hit		Comments	
Total Spares Missed			

Series / Event Stats				
Total Pockets Hit		Total Spared Missed		
Previous Best Result		Previous Best Result		

Comments

Lessons Learned

Concentration

Other Notes

Game No		Date & Lane Condition	

Frame No	1	2	3	4
Pocket Hit	L S H M	L S H M	L S H M	L S H M
Spare	Y N X	Y N X	Y N X	Y N X
Concentration	L M H	L M H	L M H	L M H
Adjustment or Ball Change				

Frame No	5	6	7	8
Pocket Hit	L S H M	L S H M	L S H M	L S H M
Spare	Y N X	Y N X	Y N X	Y N X
Concentration	L M H	L M H	L M H	L M H
Adjustment or Ball Change				

Frame No	9	10	10	10
Pocket Hit	L S H M	L S H M	L S H M	L S H M
Spare	Y N X	Y N X	Y N X	Y N X
Concentration	L M H	L M H	L M H	L M H
Adjustment or Ball Change				

Game Stats			
Total Pockets Hit		Comments	
Total Spares Missed			

	Series / Event Stats			
Total Pockets Hit		Total Spared Missed		
Previous Best Result		Previous Best Result		
Comments Lessons Learned Concentration Other Notes				

Game No		Date & Lane Condition	

Frame No	1	2	3	4
Pocket Hit	L S H M	L S H M	L S H M	L S H M
Spare	Y N X	Y N X	Y N X	Y N X
Concentration	L M H	L M H	L M H	L M H
Adjustment or Ball Change				

Frame No	5	6	7	8
Pocket Hit	L S H M	L S H M	L S H M	L S H M
Spare	Y N X	Y N X	Y N X	Y N X
Concentration	L M H	L M H	L M H	L M H
Adjustment or Ball Change				

Frame No	9	10	10	10
Pocket Hit	L S H M	L S H M	L S H M	L S H M
Spare	Y N X	Y N X	Y N X	Y N X
Concentration	L M H	L M H	L M H	L M H
Adjustment or Ball Change				

Game Stats			
Total Pockets Hit		Comments	
Total Spares Missed			

Game No		Date & Lane Condition	

Frame No	1	2	3	4
Pocket Hit	L S H M	L S H M	L S H M	L S H M
Spare	Y N X	Y N X	Y N X	Y N X
Concentration	L M H	L M H	L M H	L M H
Adjustment or Ball Change				

Frame No	5	6	7	8
Pocket Hit	L S H M	L S H M	L S H M	L S H M
Spare	Y N X	Y N X	Y N X	Y N X
Concentration	L M H	L M H	L M H	L M H
Adjustment or Ball Change				

Frame No	9	10	10	10
Pocket Hit	L S H M	L S H M	L S H M	L S H M
Spare	Y N X	Y N X	Y N X	Y N X
Concentration	L M H	L M H	L M H	L M H
Adjustment or Ball Change				

Game Stats			
Total Pockets Hit		Comments	
Total Spares Missed			

Game No		Date & Lane Condition	

Frame No	1	2	3	4
Pocket Hit	L S H M	L S H M	L S H M	L S H M
Spare	Y N X	Y N X	Y N X	Y N X
Concentration	L M H	L M H	L M H	L M H
Adjustment or Ball Change				

Frame No	5	6	7	8
Pocket Hit	L S H M	L S H M	L S H M	L S H M
Spare	Y N X	Y N X	Y N X	Y N X
Concentration	L M H	L M H	L M H	L M H
Adjustment or Ball Change				

Frame No	9	10	10	10
Pocket Hit	L S H M	L S H M	L S H M	L S H M
Spare	Y N X	Y N X	Y N X	Y N X
Concentration	L M H	L M H	L M H	L M H
Adjustment or Ball Change				

Game Stats			
Total Pockets Hit		Comments	
Total Spares Missed			

	Series / Event Stats			
Total Pockets Hit		**Total Spared Missed**		
Previous Best Result		**Previous Best Result**		
Comments **Lessons Learned** **Concentration** **Other Notes**				

Game No		Date & Lane Condition	

Frame No	1	2	3	4
Pocket Hit	L S H M	L S H M	L S H M	L S H M
Spare	Y N X	Y N X	Y N X	Y N X
Concentration	L M H	L M H	L M H	L M H
Adjustment or Ball Change				

Frame No	5	6	7	8
Pocket Hit	L S H M	L S H M	L S H M	L S H M
Spare	Y N X	Y N X	Y N X	Y N X
Concentration	L M H	L M H	L M H	L M H
Adjustment or Ball Change				

Frame No	9	10	10	10
Pocket Hit	L S H M	L S H M	L S H M	L S H M
Spare	Y N X	Y N X	Y N X	Y N X
Concentration	L M H	L M H	L M H	L M H
Adjustment or Ball Change				

Game Stats			
Total Pockets Hit		Comments	
Total Spares Missed			

Game No		Date & Lane Condition	

Frame No	1	2	3	4
Pocket Hit	L S H M	L S H M	L S H M	L S H M
Spare	Y N X	Y N X	Y N X	Y N X
Concentration	L M H	L M H	L M H	L M H
Adjustment or Ball Change				

Frame No	5	6	7	8
Pocket Hit	L S H M	L S H M	L S H M	L S H M
Spare	Y N X	Y N X	Y N X	Y N X
Concentration	L M H	L M H	L M H	L M H
Adjustment or Ball Change				

Frame No	9	10	10	10
Pocket Hit	L S H M	L S H M	L S H M	L S H M
Spare	Y N X	Y N X	Y N X	Y N X
Concentration	L M H	L M H	L M H	L M H
Adjustment or Ball Change				

Game Stats			
Total Pockets Hit		Comments	
Total Spares Missed			

Game No		Date & Lane Condition	

Frame No	1	2	3	4
Pocket Hit	L S H M	L S H M	L S H M	L S H M
Spare	Y N X	Y N X	Y N X	Y N X
Concentration	L M H	L M H	L M H	L M H
Adjustment or Ball Change				

Frame No	5	6	7	8
Pocket Hit	L S H M	L S H M	L S H M	L S H M
Spare	Y N X	Y N X	Y N X	Y N X
Concentration	L M H	L M H	L M H	L M H
Adjustment or Ball Change				

Frame No	9	10	10	10
Pocket Hit	L S H M	L S H M	L S H M	L S H M
Spare	Y N X	Y N X	Y N X	Y N X
Concentration	L M H	L M H	L M H	L M H
Adjustment or Ball Change				

Game Stats			
Total Pockets Hit		Comments	
Total Spares Missed			

Series / Event Stats				
Total Pockets Hit		Total Spared Missed		
Previous Best Result		Previous Best Result		

Comments

Lessons

Learned

Concentration

Other Notes

Game No		Date & Lane Condition	

Frame No	1	2	3	4
Pocket Hit	L S H M	L S H M	L S H M	L S H M
Spare	Y N X	Y N X	Y N X	Y N X
Concentration	L M H	L M H	L M H	L M H
Adjustment or Ball Change				

Frame No	5	6	7	8
Pocket Hit	L S H M	L S H M	L S H M	L S H M
Spare	Y N X	Y N X	Y N X	Y N X
Concentration	L M H	L M H	L M H	L M H
Adjustment or Ball Change				

Frame No	9	10	10	10
Pocket Hit	L S H M	L S H M	L S H M	L S H M
Spare	Y N X	Y N X	Y N X	Y N X
Concentration	L M H	L M H	L M H	L M H
Adjustment or Ball Change				

Game Stats			
Total Pockets Hit		Comments	
Total Spares Missed			

Game No		Date & Lane Condition	

Frame No	1	2	3	4
Pocket Hit	L S H M	L S H M	L S H M	L S H M
Spare	Y N X	Y N X	Y N X	Y N X
Concentration	L M H	L M H	L M H	L M H
Adjustment or Ball Change				

Frame No	5	6	7	8
Pocket Hit	L S H M	L S H M	L S H M	L S H M
Spare	Y N X	Y N X	Y N X	Y N X
Concentration	L M H	L M H	L M H	L M H
Adjustment or Ball Change				

Frame No	9	10	10	10
Pocket Hit	L S H M	L S H M	L S H M	L S H M
Spare	Y N X	Y N X	Y N X	Y N X
Concentration	L M H	L M H	L M H	L M H
Adjustment or Ball Change				

Game Stats			
Total Pockets Hit		Comments	
Total Spares Missed			

Game No		Date & Lane Condition	

Frame No	1	2	3	4
Pocket Hit	L S H M	L S H M	L S H M	L S H M
Spare	Y N X	Y N X	Y N X	Y N X
Concentration	L M H	L M H	L M H	L M H
Adjustment or Ball Change				

Frame No	5	6	7	8
Pocket Hit	L S H M	L S H M	L S H M	L S H M
Spare	Y N X	Y N X	Y N X	Y N X
Concentration	L M H	L M H	L M H	L M H
Adjustment or Ball Change				

Frame No	9	10	10	10
Pocket Hit	L S H M	L S H M	L S H M	L S H M
Spare	Y N X	Y N X	Y N X	Y N X
Concentration	L M H	L M H	L M H	L M H
Adjustment or Ball Change				

Game Stats			
Total Pockets Hit		Comments	
Total Spares Missed			

Series / Event Stats				
Total Pockets Hit		Total Spared Missed		
Previous Best Result		Previous Best Result		

Comments

Lessons Learned

Concentration

Other Notes

Game No		Date & Lane Condition	

Frame No	1	2	3	4
Pocket Hit	L S H M	L S H M	L S H M	L S H M
Spare	Y N X	Y N X	Y N X	Y N X
Concentration	L M H	L M H	L M H	L M H
Adjustment or Ball Change				

Frame No	5	6	7	8
Pocket Hit	L S H M	L S H M	L S H M	L S H M
Spare	Y N X	Y N X	Y N X	Y N X
Concentration	L M H	L M H	L M H	L M H
Adjustment or Ball Change				

Frame No	9	10	10	10
Pocket Hit	L S H M	L S H M	L S H M	L S H M
Spare	Y N X	Y N X	Y N X	Y N X
Concentration	L M H	L M H	L M H	L M H
Adjustment or Ball Change				

Game Stats			
Total Pockets Hit		Comments	
Total Spares Missed			

Game No		Date & Lane Condition	

Frame No	1	2	3	4
Pocket Hit	L S H M	L S H M	L S H M	L S H M
Spare	Y N X	Y N X	Y N X	Y N X
Concentration	L M H	L M H	L M H	L M H
Adjustment or Ball Change				

Frame No	5	6	7	8
Pocket Hit	L S H M	L S H M	L S H M	L S H M
Spare	Y N X	Y N X	Y N X	Y N X
Concentration	L M H	L M H	L M H	L M H
Adjustment or Ball Change				

Frame No	9	10	10	10
Pocket Hit	L S H M	L S H M	L S H M	L S H M
Spare	Y N X	Y N X	Y N X	Y N X
Concentration	L M H	L M H	L M H	L M H
Adjustment or Ball Change				

Game Stats			
Total Pockets Hit		Comments	
Total Spares Missed			

Game No		Date & Lane Condition	

Frame No	1	2	3	4
Pocket Hit	L S H M	L S H M	L S H M	L S H M
Spare	Y N X	Y N X	Y N X	Y N X
Concentration	L M H	L M H	L M H	L M H
Adjustment or Ball Change				

Frame No	5	6	7	8
Pocket Hit	L S H M	L S H M	L S H M	L S H M
Spare	Y N X	Y N X	Y N X	Y N X
Concentration	L M H	L M H	L M H	L M H
Adjustment or Ball Change				

Frame No	9	10	10	10
Pocket Hit	L S H M	L S H M	L S H M	L S H M
Spare	Y N X	Y N X	Y N X	Y N X
Concentration	L M H	L M H	L M H	L M H
Adjustment or Ball Change				

Game Stats			
Total Pockets Hit		Comments	
Total Spares Missed			

Series / Event Stats		
Total Pockets Hit		Total Spared Missed
Previous Best Result		Previous Best Result

Comments

Lessons Learned

Concentration

Other Notes

Game No		Date & Lane Condition	

Frame No	1	2	3	4
Pocket Hit	L S H M	L S H M	L S H M	L S H M
Spare	Y N X	Y N X	Y N X	Y N X
Concentration	L M H	L M H	L M H	L M H
Adjustment or Ball Change				

Frame No	5	6	7	8
Pocket Hit	L S H M	L S H M	L S H M	L S H M
Spare	Y N X	Y N X	Y N X	Y N X
Concentration	L M H	L M H	L M H	L M H
Adjustment or Ball Change				

Frame No	9	10	10	10
Pocket Hit	L S H M	L S H M	L S H M	L S H M
Spare	Y N X	Y N X	Y N X	Y N X
Concentration	L M H	L M H	L M H	L M H
Adjustment or Ball Change				

Game Stats			
Total Pockets Hit		Comments	
Total Spares Missed			

Game No		Date & Lane Condition	

Frame No	1	2	3	4
Pocket Hit	L S H M	L S H M	L S H M	L S H M
Spare	Y N X	Y N X	Y N X	Y N X
Concentration	L M H	L M H	L M H	L M H
Adjustment or Ball Change				

Frame No	5	6	7	8
Pocket Hit	L S H M	L S H M	L S H M	L S H M
Spare	Y N X	Y N X	Y N X	Y N X
Concentration	L M H	L M H	L M H	L M H
Adjustment or Ball Change				

Frame No	9	10	10	10
Pocket Hit	L S H M	L S H M	L S H M	L S H M
Spare	Y N X	Y N X	Y N X	Y N X
Concentration	L M H	L M H	L M H	L M H
Adjustment or Ball Change				

Game Stats			
Total Pockets Hit		Comments	
Total Spares Missed			

Game No		Date & Lane Condition	

Frame No	1	2	3	4
Pocket Hit	L S H M	L S H M	L S H M	L S H M
Spare	Y N X	Y N X	Y N X	Y N X
Concentration	L M H	L M H	L M H	L M H
Adjustment or Ball Change				

Frame No	5	6	7	8
Pocket Hit	L S H M	L S H M	L S H M	L S H M
Spare	Y N X	Y N X	Y N X	Y N X
Concentration	L M H	L M H	L M H	L M H
Adjustment or Ball Change				

Frame No	9	10	10	10
Pocket Hit	L S H M	L S H M	L S H M	L S H M
Spare	Y N X	Y N X	Y N X	Y N X
Concentration	L M H	L M H	L M H	L M H
Adjustment or Ball Change				

Game Stats			
Total Pockets Hit		Comments	
Total Spares Missed			

Series / Event Stats				
Total Pockets Hit		Total Spared Missed		
Previous Best Result		Previous Best Result		

Comments

Lessons

Learned

Concentration

Other Notes

Game No		Date & Lane Condition	

Frame No	1	2	3	4
Pocket Hit	L S H M	L S H M	L S H M	L S H M
Spare	Y N X	Y N X	Y N X	Y N X
Concentration	L M H	L M H	L M H	L M H
Adjustment or Ball Change				

Frame No	5	6	7	8
Pocket Hit	L S H M	L S H M	L S H M	L S H M
Spare	Y N X	Y N X	Y N X	Y N X
Concentration	L M H	L M H	L M H	L M H
Adjustment or Ball Change				

Frame No	9	10	10	10
Pocket Hit	L S H M	L S H M	L S H M	L S H M
Spare	Y N X	Y N X	Y N X	Y N X
Concentration	L M H	L M H	L M H	L M H
Adjustment or Ball Change				

Game Stats			
Total Pockets Hit		Comments	
Total Spares Missed			

Game No		Date & Lane Condition	

Frame No	1	2	3	4
Pocket Hit	L S H M	L S H M	L S H M	L S H M
Spare	Y N X	Y N X	Y N X	Y N X
Concentration	L M H	L M H	L M H	L M H
Adjustment or Ball Change				

Frame No	5	6	7	8
Pocket Hit	L S H M	L S H M	L S H M	L S H M
Spare	Y N X	Y N X	Y N X	Y N X
Concentration	L M H	L M H	L M H	L M H
Adjustment or Ball Change				

Frame No	9	10	10	10
Pocket Hit	L S H M	L S H M	L S H M	L S H M
Spare	Y N X	Y N X	Y N X	Y N X
Concentration	L M H	L M H	L M H	L M H
Adjustment or Ball Change				

Game Stats			
Total Pockets Hit		Comments	
Total Spares Missed			

Game No		Date & Lane Condition	

Frame No	1	2	3	4
Pocket Hit	L S H M	L S H M	L S H M	L S H M
Spare	Y N X	Y N X	Y N X	Y N X
Concentration	L M H	L M H	L M H	L M H
Adjustment or Ball Change				

Frame No	5	6	7	8
Pocket Hit	L S H M	L S H M	L S H M	L S H M
Spare	Y N X	Y N X	Y N X	Y N X
Concentration	L M H	L M H	L M H	L M H
Adjustment or Ball Change				

Frame No	9	10	10	10
Pocket Hit	L S H M	L S H M	L S H M	L S H M
Spare	Y N X	Y N X	Y N X	Y N X
Concentration	L M H	L M H	L M H	L M H
Adjustment or Ball Change				

Game Stats			
Total Pockets Hit		Comments	
Total Spares Missed			

Series / Event Stats					
Total Pockets Hit		Total Spared Missed			
Previous Best Result		Previous Best Result			

Comments

Lessons Learned

Concentration

Other Notes

Game No		Date & Lane Condition	

Frame No	1	2	3	4
Pocket Hit	L S H M	L S H M	L S H M	L S H M
Spare	Y N X	Y N X	Y N X	Y N X
Concentration	L M H	L M H	L M H	L M H
Adjustment or Ball Change				

Frame No	5	6	7	8
Pocket Hit	L S H M	L S H M	L S H M	L S H M
Spare	Y N X	Y N X	Y N X	Y N X
Concentration	L M H	L M H	L M H	L M H
Adjustment or Ball Change				

Frame No	9	10	10	10
Pocket Hit	L S H M	L S H M	L S H M	L S H M
Spare	Y N X	Y N X	Y N X	Y N X
Concentration	L M H	L M H	L M H	L M H
Adjustment or Ball Change				

Game Stats			
Total Pockets Hit		Comments	
Total Spares Missed			

Game No		Date & Lane Condition	

Frame No	1	2	3	4
Pocket Hit	L S H M	L S H M	L S H M	L S H M
Spare	Y N X	Y N X	Y N X	Y N X
Concentration	L M H	L M H	L M H	L M H
Adjustment or Ball Change				

Frame No	5	6	7	8
Pocket Hit	L S H M	L S H M	L S H M	L S H M
Spare	Y N X	Y N X	Y N X	Y N X
Concentration	L M H	L M H	L M H	L M H
Adjustment or Ball Change				

Frame No	9	10	10	10
Pocket Hit	L S H M	L S H M	L S H M	L S H M
Spare	Y N X	Y N X	Y N X	Y N X
Concentration	L M H	L M H	L M H	L M H
Adjustment or Ball Change				

Game Stats			
Total Pockets Hit		Comments	
Total Spares Missed			

Game No		Date & Lane Condition	

Frame No	1	2	3	4
Pocket Hit	L S H M	L S H M	L S H M	L S H M
Spare	Y N X	Y N X	Y N X	Y N X
Concentration	L M H	L M H	L M H	L M H
Adjustment or Ball Change				
Frame No	5	6	7	8
Pocket Hit	L S H M	L S H M	L S H M	L S H M
Spare	Y N X	Y N X	Y N X	Y N X
Concentration	L M H	L M H	L M H	L M H
Adjustment or Ball Change				
Frame No	9	10	10	10
Pocket Hit	L S H M	L S H M	L S H M	L S H M
Spare	Y N X	Y N X	Y N X	Y N X
Concentration	L M H	L M H	L M H	L M H
Adjustment or Ball Change				

Game Stats			
Total Pockets Hit		Comments	
Total Spares Missed			

Series / Event Stats					
Total Pockets Hit			Total Spared Missed		
Previous Best Result			Previous Best Result		

Comments

Lessons

Learned

Concentration

Other Notes

Game No		Date & Lane Condition	

Frame No	1	2	3	4
Pocket Hit	L S H M	L S H M	L S H M	L S H M
Spare	Y N X	Y N X	Y N X	Y N X
Concentration	L M H	L M H	L M H	L M H
Adjustment or Ball Change				

Frame No	5	6	7	8
Pocket Hit	L S H M	L S H M	L S H M	L S H M
Spare	Y N X	Y N X	Y N X	Y N X
Concentration	L M H	L M H	L M H	L M H
Adjustment or Ball Change				

Frame No	9	10	10	10
Pocket Hit	L S H M	L S H M	L S H M	L S H M
Spare	Y N X	Y N X	Y N X	Y N X
Concentration	L M H	L M H	L M H	L M H
Adjustment or Ball Change				

Game Stats			
Total Pockets Hit		Comments	
Total Spares Missed			

Game No		Date & Lane Condition	

Frame No	1	2	3	4
Pocket Hit	L S H M	L S H M	L S H M	L S H M
Spare	Y N X	Y N X	Y N X	Y N X
Concentration	L M H	L M H	L M H	L M H
Adjustment or Ball Change				

Frame No	5	6	7	8
Pocket Hit	L S H M	L S H M	L S H M	L S H M
Spare	Y N X	Y N X	Y N X	Y N X
Concentration	L M H	L M H	L M H	L M H
Adjustment or Ball Change				

Frame No	9	10	10	10
Pocket Hit	L S H M	L S H M	L S H M	L S H M
Spare	Y N X	Y N X	Y N X	Y N X
Concentration	L M H	L M H	L M H	L M H
Adjustment or Ball Change				

Game Stats		
Total Pockets Hit		Comments
Total Spares Missed		

Game No		Date & Lane Condition	

Frame No	1	2	3	4
Pocket Hit	L S H M	L S H M	L S H M	L S H M
Spare	Y N X	Y N X	Y N X	Y N X
Concentration	L M H	L M H	L M H	L M H
Adjustment or Ball Change				

Frame No	5	6	7	8
Pocket Hit	L S H M	L S H M	L S H M	L S H M
Spare	Y N X	Y N X	Y N X	Y N X
Concentration	L M H	L M H	L M H	L M H
Adjustment or Ball Change				

Frame No	9	10	10	10
Pocket Hit	L S H M	L S H M	L S H M	L S H M
Spare	Y N X	Y N X	Y N X	Y N X
Concentration	L M H	L M H	L M H	L M H
Adjustment or Ball Change				

Game Stats			
Total Pockets Hit		Comments	
Total Spares Missed			

Series / Event Stats				
Total Pockets Hit		Total Spared Missed		
Previous Best Result		Previous Best Result		

Comments

Lessons Learned

Concentration

Other Notes

Game No		Date & Lane Condition	

Frame No	1	2	3	4
Pocket Hit	L S H M	L S H M	L S H M	L S H M
Spare	Y N X	Y N X	Y N X	Y N X
Concentration	L M H	L M H	L M H	L M H
Adjustment or Ball Change				

Frame No	5	6	7	8
Pocket Hit	L S H M	L S H M	L S H M	L S H M
Spare	Y N X	Y N X	Y N X	Y N X
Concentration	L M H	L M H	L M H	L M H
Adjustment or Ball Change				

Frame No	9	10	10	10
Pocket Hit	L S H M	L S H M	L S H M	L S H M
Spare	Y N X	Y N X	Y N X	Y N X
Concentration	L M H	L M H	L M H	L M H
Adjustment or Ball Change				

Game Stats			
Total Pockets Hit		Comments	
Total Spares Missed			

Game No		Date & Lane Condition	

Frame No	1	2	3	4
Pocket Hit	L S H M	L S H M	L S H M	L S H M
Spare	Y N X	Y N X	Y N X	Y N X
Concentration	L M H	L M H	L M H	L M H
Adjustment or Ball Change				

Frame No	5	6	7	8
Pocket Hit	L S H M	L S H M	L S H M	L S H M
Spare	Y N X	Y N X	Y N X	Y N X
Concentration	L M H	L M H	L M H	L M H
Adjustment or Ball Change				

Frame No	9	10	10	10
Pocket Hit	L S H M	L S H M	L S H M	L S H M
Spare	Y N X	Y N X	Y N X	Y N X
Concentration	L M H	L M H	L M H	L M H
Adjustment or Ball Change				

Game Stats			
Total Pockets Hit		Comments	
Total Spares Missed			

Game No		Date & Lane Condition	

Frame No	1	2	3	4
Pocket Hit	L S H M	L S H M	L S H M	L S H M
Spare	Y N X	Y N X	Y N X	Y N X
Concentration	L M H	L M H	L M H	L M H
Adjustment or Ball Change				

Frame No	5	6	7	8
Pocket Hit	L S H M	L S H M	L S H M	L S H M
Spare	Y N X	Y N X	Y N X	Y N X
Concentration	L M H	L M H	L M H	L M H
Adjustment or Ball Change				

Frame No	9	10	10	10
Pocket Hit	L S H M	L S H M	L S H M	L S H M
Spare	Y N X	Y N X	Y N X	Y N X
Concentration	L M H	L M H	L M H	L M H
Adjustment or Ball Change				

Game Stats			
Total Pockets Hit		Comments	
Total Spares Missed			

Series / Event Stats				
Total Pockets Hit		Total Spared Missed		
Previous Best Result		Previous Best Result		

Comments Lessons Learned Concentration Other Notes	

Your Starting Average

Your Average Now

Best Results During This Period

Total Pockets Hit	
Total Spared Missed	

Made in the USA
Monee, IL
05 November 2022